Soline Bourdeverre-Veyssiere
Especialista en crianza en positivo

Niñas y niños

POR UNA EDUCACIÓN SIN GÉNERO NI ESTEREOTIPOS

Editorial OB STARE

SOBRE LA AUTORA

Soline Bourdeverre Veyssiere es una docente, madre de dos hijos y autora de la bitácora *S'éveiller et s'épanouir de manière raisonnée* (Despertar y florecer de un modo razonable), que cuenta con más de cien mil seguidores. De naturaleza inteligente y poseedora de un tesón inigualable, la autora comparte con el público sus descubrimientos, experiencias y aprendizajes en el campo de la educación respetuosa de los niños.

Soline comenzó la andadura en el universo literario con la publicación de varios ensayos de la mano de Jouvence y De Boeck, editoriales con sus respectivas sedes en Suiza y Bélgica. También es autora de obras que versan sobre el bienestar de los más pequeños, así como el respeto a su identidad y sus derechos.

Podrás acceder a su contenido a través de las redes sociales, donde es muy activa, ya sea en Instagram (@solineseveiller), Facebook (www.facebook.com/seveiller/) o su blog (www.seveilleretsepanouirdemaniereraisonnee.com).

ÍNDICE

INTRODUCCIÓN

«Es más difícil destruir un prejuicio que un átomo».

(Albert Einstein, Premio Nobel de Física, 1950)

Quién no ha oído –o hasta puede que dicho– que no se educa de la misma manera a una niña que a un niño. Algunos incluso han manifestado su miedo a tener que educar a un niño de uno y otro sexo. Cualquier preocupación, por legítima que sea, es una señal de alerta. Los valores que inculcamos a nuestros hijos son fruto de toda una historia de prejuicios. Por eso, en este libro te propongo una perspectiva diferente.

➔ Romper con los **estereotipos de género**

Ya sea durante el embarazo o después de dar a luz, con independencia de la edad del niño, es importante que seamos capaces de reconocer los estereotipos de género. Éstos están arraigados con tanta fuerza en el pensamiento que, en mayor o menor medida, los hemos interiorizado o, peor aún, normalizado. He escrito este libro con el objetivo de ayudarte a identificar esos estereotipos, para que puedas proteger a tus pequeños de los roles de género o cualquier actitud sexista.

En las siguientes páginas expongo los tópicos más comunes a los que nos enfrentamos, a menudo desde la infancia. Si tenemos localizada la raíz del problema, será más fácil conseguir que desaparezca. Por ejemplo, imagina que, mientras conduces, uno de los testigos se enciende en el salpicadero del coche. En vez de intentar apagarlo, buscas el origen de la avería, para asegurarte de que el problema, una vez solucionado, no vuelve a producirse. Si trasladamos esto al tema que nos ocupa, enseguida veremos que, aunque comprender e identificar los estereotipos es importante, profundizar en su funcionamiento, reflexionar sobre su origen lo es todavía más.

→ La importancia **del ejemplo**

Los valores que nuestros hijos adquieren cuando crecen no están sólo sujetos a la interacción con los progenitores. Por supuesto, los padres desempeñan un papel fundamental en la educación del niño, pero también los abuelos, los amigos, los compañeros de clase, los profesores del colegio, los desconocidos que ven por la calle, los medios de comunicación, etcétera. Como habrás podido deducir, un aprendizaje sin tintes de género trasvasa la esfera familiar más inmediata. Si bien el punto de partida debe ser el hogar, es indispensable que no pasemos por alto la interacción entre el niño y el entorno.

En vista de la naturaleza multidimensional de las influencias a las que el niño está expuesto a diario, erradicar el sesgo de género resulta imposible en el panorama actual. No obstante, sí que podemos limitar su impacto haciendo un esfuerzo por no imponer ciertos principios a los más pequeños en función de su sexo.

He recopilado una serie de trucos que te ayudarán a reconocer esos clichés, tópicos que salpican nuestra vida cotidiana y que, por esa misma razón, a veces no vemos. Por otro lado, incluyo varios ejemplos que te ayudarán a llevar la teoría a la práctica.

→ La libertad de elegir, el corazón de este libro

Antes de entrar en materia me gustaría aclarar que no soy partidaria de encerrar a los niños en una bola de cristal o de forzarlos a adquirir los valores opuestos a los que deseamos enfrentarnos. Todo lo contrario: busco ofrecer al niño la libertad de elegir. Si abordamos el asunto desde la perspectiva del pequeño, respetando su individualidad y su integridad física, enseguida surgirán las siguientes preguntas: ¿qué queremos para nuestro hijo?, ¿qué valores deseamos transmitirle? Como es lógico, hay múltiples respuestas posibles, una para cada padre o cada madre; pero me atrevería a decir que el crecimiento sano y feliz del niño es un objetivo casi universal. Educar puede ser una tarea compleja, pero acompañar a los hijos durante su desarrollo sin imponerles nuestros valores es aún más difícil. Tenemos una gran responsabilidad entre manos. Para que los niños se conviertan en adultos fuertes, con pensamiento crítico y confianza en sí mismos debemos ofrecerles todos los recursos que tenemos a nuestro alcance.

➜ Sé **benévolo** contigo mismo

Las madres, los padres y los profesionales de la educación que hayáis adquirido este libro es probable que busquéis el modo de convertiros en un apoyo fundamental en la crianza no sexista de vuestros hijos, vuestras hijas o los niños que tengáis a vuestro cuidado. Una tarea difícil, sin duda. No obstante, para ello, hemos de ser indulgentes con nosotros mismos, y con los demás. Es imposible controlarlo todo. Caer en los extremos, evaluar el mundo que nos rodea a través de unas lentes exigentes u obsesionarnos con proteger a los niños de los estereotipos de género no sirve. Lo que vengo a decir es que con llevar a cabo acciones pequeñas pero bien definidas y meditadas a menudo es suficiente para desplegar todo un abanico de posibilidades. Abordar la crianza de los hijos desde un enfoque respetuoso y no sexista a veces supone ir en contra de nuestras propias creencias. Por esa razón, en este capítulo repasaré el concepto de la «flexibilidad». A veces, obrar con buena intención no basta: necesitamos tiempo, formación y paciencia para alcanzar el ideal deseado.

La obra que tienes en tus manos tiene por objetivo ayudarte a abrir la mente, familiarizarte con la existencia de los distintos sexos y géneros, enseñarte a respetarlos y despertar en ti el pensamiento crítico y la tolerancia. Una sociedad igualitaria en la que predomine el respeto será menos violenta. Estas páginas no pretenden juzgarte, ni diferenciar «lo bueno» de «lo malo», sino proporcionarte las herramientas necesarias para que reflexiones y puedas crear un entorno familiar o educativo en que ningún sexo predomine sobre el otro. Como verás, la desigualdad se ha extendido hasta las partes más recónditas de la sociedad.

PARTE I

El reto de luchar contra el sexismo

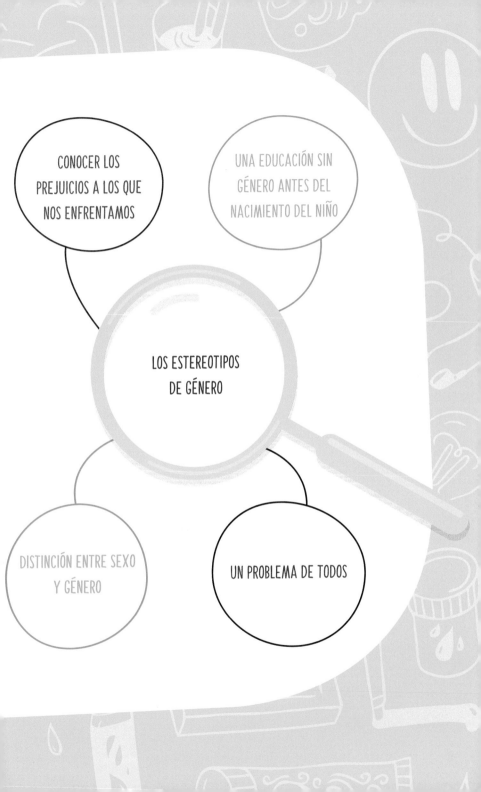

CONOCER LOS PREJUICIOS A LOS QUE NOS ENFRENTAMOS

UNA EDUCACIÓN SIN GÉNERO ANTES DEL NACIMIENTO DEL NIÑO

LOS ESTEREOTIPOS DE GÉNERO

DISTINCIÓN ENTRE SEXO Y GÉNERO

UN PROBLEMA DE TODOS

Antes de abordar los estereotipos de género es necesario conocer las desigualdades que existen desde hace mucho entre niñas y niños, hombres y mujeres. El desequilibrio actual entre cada género lo ponen de relieve, por ejemplo, las estadísticas sobre la brecha salarial, la distribución de las tareas domésticas e incluso la distinta carga psicológica. No obstante, esta breve enumeración es sólo la punta del iceberg.

→ La escuela: El origen de los estereotipos de género

Un elevado número de comportamientos sexistas tiene su origen en actitudes y valores que se gestan dentro del ámbito educativo. Como te avanzaba antes, para arrancar el problema de raíz es imprescindible estudiar su procedencia. Ya en el colegio, la relación entre chicos y chicas se concibe en términos de rivalidad; por ello, la idea es enterrar el hacha de guerra entre los distintos sexos, ver las cosas desde un nuevo paradigma. Uno basado en el respeto y, por supuesto, la igualdad. Sin embargo, esto no implica complementariedad, ya que supondría la asignación de roles determinados a niñas y a niños.

● Todo empieza antes del nacimiento del niño

Tan pronto como conocemos el sexo del bebé –que no el género–, la máquina de clichés se pone en marcha. Proyectamos los conocimientos que hemos aprendido sobre la elección del nombre, el color de la ropa, la decoración de la habitación y los primeros juguetes del futuro recién nacido... El sexo del niño está presente en la toma de todas estas decisiones, nos guste o no. No podemos escapar de los roles de género que nos han inculcado en torno al carácter, el modo de relacionarnos con los padres o el futuro profesional del niño.

Estos roles se intensifican después del nacimiento. Cuando el bebé llora, se dice que está enfadado en caso de que sea un niño, pero que está triste si es una niña. La asignación de funciones es más fuerte de lo que creemos los padres, los maestros de educación infantil, los cuidadores o cualquier persona con un pequeño a su cargo.

Todo ello genera que tanto las expectativas como la forma de interactuar con el entorno sean muy distintas desde la infancia más temprana. Mientras que en los chicos se premian la agilidad y la fuerza, se hace hincapié en que las niñas desarrollen las habilidades comunicativas. Jessie Magana, autora del libro *Cómo hablar con los niños sobre la igualdad de género*, explica muy bien la idea: «Fomentamos el movimiento en los bebés varones y el balbuceo si se trata de una niña».

El sexismo continúa reforzándose en el colegio. En los últimos cursos de Educación Primaria, los resultados obtenidos en matemáticas son mejores en los chicos; las chicas, en cambio, sobresalen en las asignaturas de letras y en las profesiones relacionadas con el ámbito humanitario –contamos con un sinfín de enfermeras, comadronas, auxiliares de enfermería–. Parece existir una especie de fuerza invisible que empuja a los hombres a degustar el campo científico, mientras que las mujeres encaminan su trayectoria laboral al cuidado de los otros –algo que, hoy por hoy, se continúa considerando una cualidad femenina: no tenemos más que fijarnos en lo que ocurre en el hogar–. Siguiendo esta cronología de cerca comprendemos hasta qué punto continúan anclados los roles de género en la sociedad: los hemos interiorizado e incluso invisibilizado. Los estereotipos de género son la base de la discriminación y las profundas desigualdades que vivimos en la actualidad.

Distinguir entre sexo y género

Conocer la diferencia entre «sexo» y «género», este último también denominado «identidad de género», es una herramienta indispensable en la lucha contra el sexismo. Pero ¿por qué? La razón principal es que la relación entre el hombre y la mujer ha evolucionado. El sexo lo determinan los cromosomas, mientras que el género no es algo biológico: lo decidimos nosotros; si bien también lo definen la historia, la educación y la cultura. Las personas transexuales, por ejemplo, poseen un género que difiere del sexo que se les asignó al nacer. También debemos distinguir entre sexo, género y orientación sexual (la atracción por un sexo o género concretos).

¿SABÍAS QUE...?

√ La palabra «marimacho» no cuenta con un equivalente en femenino. Cada vez que oímos la palabra evocamos la imagen de una niña jugando con una pelota o un cochecito. Una conducta poco «femenina» que, seguramente, hemos visto corregir muchas veces. Como puedes comprobar, el lenguaje también es un reflejo de la hegemonía masculina.

→ Un problema **de todos**

Con este libro me dirijo a padres, educadores y cualquier persona que esté en contacto directo con niños o simplemente interesada en una educación libre de estigmas. El papel que ejerce el adulto en el desarrollo del pequeño es crucial. Actúa como modelo, sirve de guía. No olvidemos que una educación no sexista será diferente en función de la etapa del desarrollo del pequeño.

Los niños son conscientes de lo que se espera de ellos desde una edad temprana. A partir de los 6 años son capaces de comprender e interiorizar los roles de género que observan en el entorno más inmediato. Es durante esta fase del crecimiento cuando absorben como una esponja las construcciones sociales establecidas sobre la masculinidad y la feminidad. No obstante, también es cuando los adultos tenemos mayor oportunidad de enseñarles a cuestionar esos protocolos y buscar la manera más adecuada de luchar contra ellos.

Por desgracia, el sexismo está presente en todos los ámbitos de la vida cotidiana, pues es su repetición y normalización lo que lo refuerza. Los estereotipos de género se instauran mediante conductas recurrentes que podríamos encontrar en cualquier ámbito de la vida. Lo único efectivo para luchar contra ellos serán la crítica y las nuevas propuestas en este campo. Sólo tenemos que prestar atención a los catálogos de juguetes, los anuncios televisivos, los dibujos animados, la literatura infantil, el vocabulario que usamos a diario o el ejemplo que damos. Esta omnipresencia –o incluso omnipotencia– de los roles de género envuelve al pequeño, lo permea, lo conduce por un camino recto y sin contradicciones. El niño aprende del mundo que lo rodea, alimenta su imaginación, desarrolla la concepción del yo y de los demás bajo el prisma de las identidades sexuales creadas e inducidas por la sociedad.

No obstante, algunos padres se sorprenden por las diferencias que existen entre hijos e hijas, a pesar de que, en su opinión, los han educado de la misma manera. No son conscientes de las diferencias en las que han incurrido. Dejando la cuestión de género a un lado, es imposible criar a dos niños de la misma manera. Sin ir más lejos, un hermano mayor vive la vida de hijo único hasta que llega el hermano pequeño, que a diferencia de él no crecerá «solo». No obstante, los padres no son los únicos que intervienen en la educación del niño: hay un sinfín de influencias, dentro y fuera de la familia. En mi experiencia, desde que tuve mi primer embarazo, me he propuesto no influir en mis hijos. Aun así, al mayor, que es un niño, le encantan los coches, mientras que la pequeña, una niña, adora el colorido universo de la fantasía, lleno de purpurina y unicornios. La influencia externa ha debido estar ahí, los ha alcanzado en algún punto, y a veces me invade una sensación de inquietud, la sensación de que «algo se me escapa».

➜ Otro punto **de vista**

Este libro está centrado en Francia y se ambienta en este país por elección propia. No obstante, la discriminación de género, en especial hacia la niñas, ocurre en todo el mundo. Aquí podríamos mencionar la práctica de la «clitoridectomía», extirpación parcial o total del clítoris sin una razón médica, que es un acto violento y doloroso que en la actualidad continúa practicándose en África, Oriente Medio y Asia. No olvidemos también que dos tercios de los setenta millones de niños sin escolarizar son niñas. Sin embargo, abordaré el sexismo desde el prisma occidental. Por ello, te invito a tomar esta guía como lo que es: un manual práctico para luchar contra los estereotipos de género en las situaciones más cotidianas.

¡VIVA LA PLASTICIDAD CEREBRAL!

✔ La plasticidad cerebral o neuronal se refiere a la capacidad del sistema nervioso para cambiar su estructura y funcionamiento a lo largo de la vida como reacción a la diversidad del entorno. Un recién nacido no es consciente de su sexo. Sólo a partir de los dos años y medio adquiere la capacidad para identificarse con un género. Por ello, el conocimiento construido sobre conjeturas de género que adquiere el bebé desde su nacimiento tiene sus consecuencias.

➔ Destapemos **los prejuicios**

El objetivo de este modesto libro consiste en arrojar luz sobre los prejuicios, los estereotipos de género y las barreras que se levantan entre los individuos, con el fin no sólo de deconstruirlos, sino también de evitar su perpetuación. Con todo, esta obra no debe considerarse un alegato a favor de ningún sexo, sino un llamamiento a practicar el respeto hacia los demás y dejar que los niños florezcan alejados de cualquier camisa de fuerza, siempre con la posibilidad de decidir por sí mismos lo que quieren ser. Hay que tener en cuenta que, aunque hablemos de desigualdad de género, esto también engloba las disparidades sufridas por los que se deciden por una determinada identidad sexual.

GLOSARIO

✓ **Una perspectiva constructiva:** Para el constructivismo, la realidad está vinculada de forma inextricable a la percepción que los individuos poseen del entorno. Dentro de la esfera de género, el constructivismo entiende que las diferencias entre los hombres y las mujeres (la vestimenta, la locución, por ejemplo) tienen un origen social, y no natural. Este enfoque explicaría por qué las características atribuidas a uno u otro género dependen de la cultura y el momento histórico.

✓ **Igualdad de género:** Mismos derechos y condiciones para todos los géneros. En palabras de la filósofa e historiadora Élisabeth Badinter: «La igualdad de género es el indicador más preciso para medir el verdadero estado en que se encuentra una democracia».

✓ **Género:** Concepto que alude a la identidad sexual; es decir, al sentimiento de pertenencia a lo femenino o lo masculino. La concepción del género se ve influenciada por características biológicas (el sexo), culturales y psicológicas, así como por la educación recibida y el contexto histórico.

✓ **Prejuicio:** Opinión preconcebida sobre una realidad, resultante del entorno, el momento histórico y la educación.

✓ **Sexo:** Conjunto de características biológicas que diferencian en una especie a los individuos masculinos de los femeninos. El sexo viene determinado por los cromosomas responsables de producir las cualidades específicas de los órganos sexuales del hombre y de la mujer (la vagina, el clítoris y el pene). Sexo y género son conceptos distintos, como demuestra la existencia de personas transgénero.

✓ **Sexismo:** Actitud de discriminación que se basa en el sexo, por regla general hacia el opuesto. Los estereotipos de género son la base del sexismo.

✓ **Estereotipo:** Idea o concepción prefabricada de la realidad. En este caso, «cliché» e «idea común» actúan como sinónimos. Una víctima puede tener interiorizado un estereotipo y mantenerlo como algo incuestionable.

1 HAZLES VER LAS DIFERENCIA
QUE HAY ENTRE ELLOS Y
AYÚDALOS A ACEPTARLAS.

10 PRESERVA SU INTIMIDAD.

PARTE II

9 ENSÉÑALES A AMAR SU
CUERPO.

8 RESISTE A LA NORMA CON
LAS NIÑAS..., PERO CON LOS NIÑOS
TAMBIÉN.

7 INFORMA A TUS HIJOS
UTILIZANDO DISTINTOS RECURSOS.

2 LLAMA A LAS COSAS POR SU NOMBRE: UTILIZA EL PODER DE LA PALABRA.

3 HUYE DE LOS ESTEREOTIPOS DE GÉNERO EN LA VIDA COTIDIANA Y ENSEÑA CON EL EJEMPLO.

Las 10 claves

4 ACEPTA LAS EMOCIONES. NO TIENEN GÉNERO.

5 REFLEXIONA SOBRE LOS JUGUETES Y LAS ACTIVIDADES QUE PROPONES A TUS HIJOS.

6 VIGILA LO QUE OCURRE EN EL COLEGIO.

1 HAZLES VER LAS DIFERENCIAS QUE HAY ENTRE ELLOS Y AYÚDALOS A ACEPTARLAS

Algunas personas utilizan las diferencias de género y el carácter complementario entre ellos para justificar la desigualdad y la discriminación. Hay que tener los conceptos de fondo muy claros: lo contrario de la «igualdad» es la «desigualdad», no la «diferencia», y lo contrario de la «diferencia» es la «similitud». Es obvio que los niños y las niñas no son similares. Es una pena sostener como bandera el argumento «no estoy a favor de la igualdad de género porque siempre serán diferentes»; algo que se utiliza con demasiada frecuencia cuando se plantea esta cuestión.

→ Enseñar y guiar a tu hijo en el **conocimiento del otro**

Las chicas y los chicos son diferentes por naturaleza. Enseñar a los niños el respeto a los demás significa aceptar las diferencias sin intentar eliminarlas. Y en la práctica, ¿cómo conseguirlo? Se trata de no negar las diferencias. Para ello, con palabras adaptadas a la edad y a la capacidad del niño, podemos nombrar las cosas de una manera fáctica, basada en los hechos, lo más objetiva posible. Pero estas diferencias nunca deben servir de pretexto para la existencia de desigualdades. Aquí es donde reside la diferencia.

A lo largo de historia de la humanidad, los prejuicios y la ignorancia (tanto biológica como cultural) han coqueteado, retroalimentándose entre sí. Las desigualdades se cimientan en gran parte sobre la base de creencias falsas, provocadas a su vez por la falta de conocimientos científicos. Así, lo femenino se asoció con la debilidad del cuerpo y la mente, visión que ha persistido durante siglos, incluso milenios. En la actualidad, este culto arcaico a la diferencia tenemos que verlo desde la tolerancia y la aceptación del otro... y no como un vector de desigualdad. Se trata, por tanto, de encauzar a los niños hacia el conocimiento, la aceptación y el respeto a la diferencia, hacia el reconocimiento del otro como reflejo de sí mismos; en definitiva, hacia la igualdad entre los sexos en todas las edades de la vida. Las diferencias no implican desigualdad y jerarquía.

➡ Niña o niño?

La respuesta está en los genes. Los cromosomas en las niñas son XX, y para el caso de los niños, XY. En raras ocasiones puede darse también algún caso de intersexualidad. En la determinación del sexo biológico están involucrados mecanismos muy complejos. Cabe señalar que millones de seres humanos no corresponden a las dos modalidades habituales de la especie humana; es decir, la forma femenina (dos cromosomas X, ovarios, y una anatomía que permite el embarazo) y una forma masculina (un cromosoma X, un cromosoma Y, un pene provisto de conductos internos para transportar la orina y el esperma y los testículos). Además, hay personas transgénero. Éstas son niños que nacen en el cuerpo de una niña o niñas que nacen en el cuerpo de un niño.

Hormonas diferentes

Las niñas tienen niveles muy bajos de testosterona[1] (si bien los niños también tienen una pequeña cantidad de estrógenos).[2] Para algunos, esto justifica una menor agresividad en la mujer y, por consiguiente, un carácter menos dominante. Pero lo cierto es que, hasta la fecha, ningún estudio ha demostrado que las hormonas tengan una influencia tan directa en el temperamento de cada uno. La ciencia está logrando desmontar todas las teorías sobre las que se cimienta la idea de una jerarquía natural entre mujeres y hombres basada en las hormonas.

Diferencias físicas

Además de la evidente y visible desemejanza de los órganos sexuales (pene o vulva), en apariencia no vemos otra diferencia notoria entre el cuerpo de un niño y el de una niña. Sin embargo, existen muchas más:

- Las niñas tienen una vejiga más pequeña, lo que explica por qué visitan el baño con más frecuencia.

- Las niñas alcanzan la pubertad antes que los niños.

- Los chicos experimentan en la pubertad un acentuado cambio de voz, que pasa a ser más grave. (Esto se debe a que, en la etapa del desarrollo, las cuerdas vocales se alargan y se vuelven más gruesas).

- La esperanza de vida en las mujeres es mayor que en los hombres.

---

1. Hormona sexual más importante del hombre, producida en los testículos y en cantidades mucho mayores que en los ovarios de las niñas.

2. Hormona sexual de tipo femenino principalmente producida en los ovarios. Los hombres también producen estrógenos, pero en cantidades mucho menores.

• La menstruación no es un tabú

Los cuerpos de las mujeres y los hombres, de las niñas y los niños, tienen una función determinada. Me parece fundamental que todos poseamos nociones básicas sobre cómo son los demás. Esta tarea comienza en primer lugar por conocer las particularidades de nuestro propio sexo.

➡ No hay diferencias **cerebrales**

El cerebro de los varones tiene mayor tamaño que el de las mujeres. Este dato, conocido desde el siglo XIX, fue utilizado por algunos para apresurarse a deducir que los hombres eran más inteligentes. No obstante, la aventurada conclusión ignora el hecho de que entre la inteligencia y el tamaño o peso del cerebro no hay ninguna relación. La prueba evidente la tenemos en el tamaño del cerebro de Einstein, muy por debajo de la media.

En la década de los setenta se realizó un trabajo de investigación en el campo de la psicología tras el cual se concluyó que el hemisferio izquierdo del cerebro (vinculado al lenguaje) estaba más evolucionado en las mujeres, mientras que el hemisferio derecho (asociado al sentido de la orientación) aparecía más desarrollado en los hombres. Hoy podemos calificar todo esto de «neuromito», ya que, según se ha demostrado, ambos hemisferios están interconectados. Con todo, los resultados de aquellos estudios son difíciles de negar. Pero, incluso aceptando la diferencia entre las conexiones neuronales del área del lenguaje y de la orientación, podemos explicarla en la educación que recibimos. En resumen, se trata de lo que nosotros mismos creamos. Las verdaderas diferencias se dan entre los individuos, no entre los sexos.

2 LLAMA A LAS COSAS POR SU NOMBRE: UTILIZA EL PODER DE LA PALABRA

En la vida cotidiana utilizamos un vocabulario que nos traiciona y contribuye a propagar los estereotipos de género. Así, las reglas gramaticales establecen la superioridad del masculino sobre el femenino, y las normas sobre la transmisión de los apellidos han optado, hasta hace muy poco tiempo, por la preeminencia del apellido paterno. Porque, sí, ¡el lenguaje es sexista! Ese con el que nos dirigimos a los niños, el mismo que escuchan cuando hablamos entre nosotros. Ten en cuenta que el lenguaje es una herramienta de comunicación. Si la herramienta es sexista..., el mensaje que el niño recibe también lo será.

→ Cada sexo **con su nombre**

Denominar el sexo de un niño (referido a los órganos genitales) puede ser un verdadero quebradero de cabeza, lo cual es muy revelador. ¿Qué sensación percibes cuando alguien le dice a su hija que es una niña «porque no tiene pene»? Definir un género como la carencia de algo es una auténtica aberración. Ni a las niñas ni a los niños les falta nada. Y, sin embargo, ¿quién no ha oído a alguien decir a un niño en edad de descubrir las diferencias anatómicas «mira, es un niño porque tiene pito» o «es una niña porque no tiene un pito»?

Entonces, ¿qué debemos hacer para evitar esto? Simplemente utilizar las palabras adecuadas. Es evidente que los niños saben pronunciar vocablos como «pene», «testículos», «vulva» o «vagina». A pesar de ello, muchas familias prefieren usar una terminología «jocosa»: «pito», «cola», «pilila»... para el sexo masculino; pero «higo», «coño» y «chochete»... para el sexo femenino. Cada uno es libre de usar las palabras que considere oportunas, aunque siempre será preferible el empleo de palabras correctas que contribuyan a enriquecer el vocabulario de los pequeños. Lo más importante es nombrar a cada sexo por lo que es, sin definir al de las chicas como la ausencia de algo, ya que esto transmite una situación de inferioridad.

❷ **Los masculino** por encima **de lo femenino**

«Siendo la forma masculina la más noble [ésta], debe prevalecer cada vez que lo masculino y lo femenino se encuentren juntos». (Claude Favre de Vaugelas, gramático francés, 1647)

La gramática sentencia así la desigualdad. Desde la escuela aprendemos e interiorizamos que «lo masculino se impone sobre lo femenino». Las palabras, cargadas de significado, se graban en nuestra memoria. Me dirás que no parece oportuno cambiar una regla gramatical. Yo respondería: ¿por qué no? No obstante, de momento, podemos empezar por explicar todo esto a los niños (a partir de los 7 años), para que entiendan que las normas gramaticales responden a un contexto histórico, porque necesitan que todo encaje, que tenga sentido. Pero para cubrir esta necesidad hay que instruirles en las circunstancias que llevaron a esta realidad gramatical.

Cambio de género asociado a un significado

La cuestión del género ha ido mucho más allá de la gramática. De hecho, algunas palabras cambian su significado según se usen con género masculino o femenino... y el concepto más noble suele ir ligado al masculino. Así, en los países francófonos, cuando se utiliza el término *couturier* en masculino, se entiende referido a un diseñador de moda, a un varón que realiza tareas creativas y de prestigio. Sin embargo, si esa misma palabra se usa en femenino, *couturière*, entonces se degrada el significado a 'una mujer que simplemente cose'. Otros casos aún son peores, de tal modo que la palabra en masculino alude a un ser humano, mientras que la femenina designa 'ignorancia', 'incapacidad', 'cursilería' o 'afectación' (por ejemplo, «poeta» y «poetisa»). Por todo ello, es preferible el uso de términos que funcionen como nombre común en cuanto al género, como sucede con el término «chófer».

¿Eres de los que utilizas la palabra «hombre» (quizás «Hombre», con H mayúscula) o prefieres usar la expresión «humano»? Si nos fijamos en el diccionario de la Real Academia Española (RAE) o el de otros países como Francia, el término «hombre» engloba dos significados: el de 'ser humano de cualquier sexo', y también el de varón, 'ser humano del sexo masculino'. Las definiciones que se otorgan a la palabra «mujer» tienen otro matiz: es un 'ser humano que, definido por sus características sexuales, puede concebir y tener hijos' (diccionario francés) o 'que tiene cualidades consideradas femeninas por excelencia' (diccionario español), en los que a continuación se da la definición de 'esposa' (en ambas lenguas).

→ Enseña a tu hijo **el idioma de modo correcto**

Es bastante habitual eliminar la forma femenina de las palabras, sobre todo en el caso de ciertas profesiones:

- Enseñemos a los niños que se puede ser autora, filósofa o coronela. Sé lo difícil que puede parecer esto al principio; pero, con un poco de práctica, te acostumbras con rapidez.

- Un modo sencillo de conseguirlo podría ser hacer mención tanto a la autora o el autor como a la ilustradora o el ilustrador del cuento que leemos a nuestros hijos en el ritual de antes de dormir: «Esta noche vamos a leer [título], cuya autora es [nombre de la autora] y la ilustradora es [nombre de la ilustradora]».

Así, el uso de nombres profesionales femeninos se irá incorporando en la vida cotidiana. La mejor manera de enseñar a un niño es en el día a día y con el ejemplo.

● *Lo femenino como insulto*

Algo parecido ocurre con la connotación negativa de las formas femeninas de algunas palabras, a veces incluso utilizadas como un insulto, lo que prueba una vez más el uso despectivo que se hace de este género. Cuando los niños empiezan a expresarse con los mismos términos que han escuchado aquí y allá puede ser interesante explicarles el origen y el significado de las palabras que emplean. Tenemos la oportunidad de hacer una doble pedagogía. Tomemos como ejemplo la palabra «fulana», con la que nos referimos a una prostituta; sin embargo, un «fulano» es alguien de quien no conocemos su nombre.

No olvidemos que, por regla general, los insultos contra las mujeres socavan su moralidad, mientras que en el caso de los hombres lo que se ataca es la «virilidad». Ejemplos de una larga lista podrían ser: «puta», «¿estás con la regla o qué?» o «no seas nenaza».

En resumen, forjamos una identidad sobre los estereotipos de género a partir de las palabras que escuchamos, repetimos, leemos o cantamos. Depende de nosotros utilizar con sabiduría cada término para que nuestros hijos no continúen por ese camino lamentable.

CUIDADO CON CIERTAS EXPRESIONES

✓ Hay muchas expresiones que responden a esos estereotipos. Debemos hacer todo lo que esté en nuestras manos para desterrarlas, de modo que los niños no las escuchen y, por tanto, no las hagan suyas. He aquí una pequeña muestra: «es una marimacho», «llora como una niña», «calladita estas más guapa», «para presumir hay que sufrir», «las mujeres no saben conducir», «es un padrazo», etcétera.

3 HUYE DE LOS ESTEREOTIPOS DE GÉNERO EN LA VIDA COTIDIANA Y ENSEÑA CON EL EJEMPLO

En una ocasión una alumna me dijo: «El sexismo ordinario no existe». A continuación vimos el cortometraje de Eléonore Pourriat *Mayoría oprimida* (*Majorité opprimée,* en su título original), que muestra una sociedad en la que los roles de género están invertidos, donde los hombres desempeñan el papel que habitualmente está asignado a las mujeres, y viceversa. Al visionar esta cinta nos dimos cuenta de lo que es el sexismo ordinario: invisible y tan arraigado que llega a pasar desapercibido.

⊙ ¿Qué es el **sexismo ordinario?**

Son los estereotipos, las representaciones colectivas que se traducen en palabras, gestos, y comportamientos que excluyen, marginan o hacen de menos a las mujeres. Por ejemplo, un vendedor de coches sólo se dirigió a mi marido cuando acudimos a un concesionario a comprar un coche para mí; yo, la esposa, era invisible. Eso es sexismo ordinario, tras el cual se esconde una relación de poder. Brigitte Grésy, en su libro *Petit* (Pequeño), que trata contra el sexismo ordinario, escribe: «Este tipo de sexismo nos sumerge en un universo singular, el de los símbolos de rechazo, las palabras excluyentes, la sonrisa condescendiente, la espalda que se gira, el cerco que no se abre, el color gris que se niega a aceptar el rosa».

● *Las manifestaciones más recurrentes del sexismo ordinario*

Los estereotipos de género están en todas partes y se repiten todos los días. Los trivializamos y transmitimos de generación en generación casi sin darnos cuenta, escondidos bajo el manto de la invisibilidad. Pero los más pequeños están ahí; son espectadores de todo eso. Depende de nosotros romper la cadena, hacer todo lo posible para que la nueva generación no se convierta en otro vector más de transmisión. Para empezar, debemos evitar, siempre que sea posible, que sean testigos de todos esos roles y tópicos, y, cuando no podamos evitarlo, les transmitiremos nuestro desacuerdo con lo que hemos visto u oído. ¡Ellos podrían ser la generación del cambio!

El sexismo ordinario no sólo afecta a los adultos, sino también a los niños. Así, es mucho más frecuente encontrar camisitas de niña decoradas con palabras como «guapa» o *pretty* que con otras como «inteligente». Etiquetamos a los niños haciendo que crezca en ellos una determinada imagen de sí mismos. Por otro lado, reservar unos calificativos o rasgos para cada género es un ejemplo claro de sexismo ordinario. En el colegio donde trabajo, en una ocasión, ante un gesto un tanto agresivo de un alumno alguien dijo: «Es normal, es un chico», como si el género pudiese explicar e incluso justificar la violencia.

→ Peleando por **los niños**

Si optamos por educar a los hijos desde una perspectiva de género, serán inevitables ciertos comentarios de personas más o menos cercanas. Debatir con ellas o intentar convencerlas puede ser realmente agotador, pero callar es de alguna manera contribuir a que los estereotipos sigan su curso. Es lo que la investigadora Marie DuruBellat define como «sexismo por abstención», de tal modo que, si no actuamos ante aquello a lo que nos oponemos, se reproducirá inexorablemente. No obstante, conviene ser tolerantes, ya que no todas las personas caminan hacia la igualdad al mismo ritmo y quienes continúan transmitiendo clichés sexistas no suelen hacerlo con esa intención. Un enfrentamiento directo o violento no tiene muchas posibilidades de terminar bien.

● *Dirígete directamente al niño*

Una de las claves para lograr la igualdad es considerar las cosas desde el punto de vista de los niños y hablar con ellos sobre cualquier tipo de comentario sexista. Por ejemplo, uno de los regalos que, a petición suya, recibió mi hijo mayor por su segundo cumpleaños fue una muñeca. Alguien muy cercano a él expresó una gran sorpresa: «¿Una muñeca? ¿¡Para un niño!?». Yo sabía que no tenía sentido intentar discutir con esta persona, así que opté por dirigirme directamente a mi hijo: «Ya sabes que no hay juguetes diferentes para niñas y para niños. Parece que te gusta esta muñeca, así puedes imitar a papá y ser un buen padre». Hay tres razones principales por las que creo que lo más apropiado es hablar con el niño. Por un lado, es una oportunidad de comunicarnos con él, hacer que se sienta escuchado, comprendido y apoyado. En segundo lugar, te brinda la oportunidad de dar a conocer tu opinión a terceras

31

personas, que oirán tu razonamiento sin que debas arriesgarte a entrar en conflicto con ellas. Y, por último, permite transmitir un mensaje indirecto a nuestro interlocutor.

➡ En **casa**

Ahora, expondremos un tema un tanto incómodo. Es habitual que, siendo conscientes de los estereotipos de género, en casa continuemos aplicando algunos de ellos. Conocer la teoría es bueno, pero ponerla en práctica es mucho mejor. La distribución de las tareas domésticas es en muchos casos un buen ejemplo de todo lo que hay que cambiar. Por trabajo doméstico me refiero a actividades como la limpieza, la cocina, la lavandería, la compra, el cuidado de personas, el juego y la enseñanza de los niños, la jardinería, el bricolaje, el cuidado de los animales, etcétera.

Y es que, al final y a pesar de ese halo en torno a la teoría, nos enfrentamos a un hecho inevitable: el trabajo doméstico tiene «género» (François Fatoux, *Et si on en finissait avec la ménagère*). Sobre todo si tenemos en cuenta que a las cargas domésticas visibles hay que sumar la famosa «carga mental». Roland Pfefferkorn, profesor de sociología y autor de un artículo sobre el reparto desigual de las tareas domésticas, escribe: «Esta división se basa en una muy convencional, tanto de los atributos como de las virtudes masculinas y femeninas [...]. A las mujeres, el trabajo ligero (aquel que no requiere fuerza física); a los hombres, el trabajo pesado. Para las mujeres, las tareas tradicionales (cocinar, planchar, coser), en especial si están relacionadas con la limpieza (de la casa o de la ropa); para los hombres, el trabajo que exija el uso de herramientas más innovadoras (máquinas para el bricolaje o la jar-

¿SABÍAS QUE...?

✓ Definición de trabajo doméstico dada por dos investigadoras del INSEE (Instituto Nacional de Estadística y de Estudios Económicos de Francia), Annie Fouquet y Ann Chadeua en 1981:

«El trabajo doméstico incluye cualquier actividad no remunerada, llevada a cabo por un miembro del hogar, que da lugar a la creación de un bien o servicio necesario para el desarrollo de la vida cotidiana y para el que existe un sustituto en el mercado (servicio disponible o persona remunerada) según las normas sociales vigentes».

dinería) y orientado hacia el exterior (como el mantenimiento del automóvil).

● El reparto de las tareas domésticas

La madre Teresa dijo en una ocasión que «la paz del mundo empieza en casa»; eso mismo ocurre con los estereotipos de género. La realidad es que el reparto de las obligaciones en casa no es equitativo, y esto puede aplicarse tanto a las tareas domésticas como a la educación de los hijos. Y, entonces, ¿cómo vamos a educar a nuestros hijos alejados de los tópicos de género si no les damos ejemplo en la vida cotidiana? Todos deberíamos al menos:

- Revisar la organización familiar que tenemos establecida y observar las posibles desigualdades para intentar reconducirlas gradualmente.

- Involucrar a los niños en las tareas domésticas.
- Verbalizar todo el proceso. Dependiendo de la edad que tengan, los niños entenderán las posibles contradicciones en las que hayamos podido caer.

No se trata de verlo todo negro, sino de tener una imagen objetiva de cuál es la situación. Por eso, es de agradecer que la sociedad camine hacia el reparto equitativo del trabajo en el hogar.

➜ ¿Y si la solución pasa por **crear un permiso para el segundo progenitor o ampliarlo?**

Quizá no sea la respuesta a todos los problemas, pero sin duda es una herramienta de gran ayuda. En la mayoría de los países europeos existe una licencia de este tipo, comúnmente llamada «permiso de paternidad». En Francia, el permiso del hombre por el nacimiento de un hijo se ha ampliado recientemente hasta los veintiocho días. Construir una sociedad más igualitaria entre mujeres y hombres empieza por garantizar que cada persona pueda decidir con libertad su rol parental y aplicarlo a la unidad familiar. Este desequilibrio en la crianza surge sobre todo en las parejas heterosexuales. Esto no significa que en las homosexuales no se den situaciones desigualitarias, pero lo cierto es que la asimetría de las funciones es *de facto* más relevante en las parejas heterosexuales. Y es que en estas últimas hay un componente de dominación basado en el género, que supone un obstáculo más y cuya ausencia en el caso de las parejas homosexuales facilita poder alcanzar un reparto igualitario.

Lo lógico sería que ambos padres participaran activamente y a partes iguales en la educación y el bienestar de sus hijos.

• ¿Por qué debe desarrollarse el permiso de paternalidad?

- Se trata de una desigualdad que afecta al segundo progenitor; es decir, al hombre, que no podrá experimentar con plenitud la condición de ser padre. El resultado puede ser la frustración y el retraimiento en esa faceta de la vida.

- Su ausencia actúa indirectamente como un estímulo al reparto desigual de las tareas domésticas.

- La carrera profesional de las mujeres no se vería perjudicada por dichos permisos si fuesen disfrutados tanto por las madres como por los padres.

- El permiso de maternidad, que obedece a la necesaria recuperación tras el parto, recobraría su esencia, ya que compaginar ese descanso con el cuidado de un recién nacido (o un niño de edad más avanzada en el caso de una adopción) es difícil de imaginar.

¡Parentalidad rima con igualdad!

ACEPTA LAS EMOCIONES. NO TIENEN GÉNERO

Antes que nada, aclararemos qué es una emoción. La etimología de la propia palabra nos ayuda a explicar su significado. Proviene del latín *motio*, que significa 'mover'. La emoción es, por tanto un movimiento que se produce en respuesta a ciertos estímulos. Se trata de una alteración del ánimo, intensa pero pasajera, desencadenada por algún acontecimiento real, imaginario o rememorado. Todas las emociones tienen un correlato somático y aparecen asociadas a distintas sensaciones, como estar rebosantes de energía por la alegría que produce algún suceso o tener la garganta seca, palpitaciones y temblor de piernas debido a los nervios.

EL ABC DE LAS EMOCIONES

1. Las cuatro emociones básicas son la ira, el miedo la tristeza y la alegría.

2. Tienen un carácter natural y universal.

3. Producen reacciones en nuestro cuerpo, tanto a nivel externo como interno.

4. Nos sirven para actuar y, en algunas situaciones, para aumentar la probabilidad de supervivencia.

5. Son respuestas temporales, espontáneas e incontrolables.

6. Verbalizar nuestras emociones nos libera de ellas.

7. Las emociones no se pueden esconder; tarde o temprano aflorarán.

8. Es posible experimentar distintas emociones al mismo tiempo.

9. Identificar cada emoción nos permite empezar a controlarlas.

10. El aprendizaje del manejo de nuestras emociones nunca termina.

➜ Cómo se manifiestan
las emociones

Las manifestaciones fisiológicas y de conducta que surgen a raíz de las emociones varían de un individuo a otro, pero esa variación en ningún caso está relacionada con el sexo o el género.

Hombres y mujeres nos vemos afectados por las mismas emociones, si bien es cierto que hay un modo distinto de reaccionar ante ellas. Tal y como evidencian los trabajos de la neurobióloga Catherine Vidal, no existen argumentos físicos o biológicos, de tipo hormonal o cerebral, por ejemplo, que puedan explicar la diferencia en el modo de manifestar las emociones entre los hombres y las mujeres: los determinantes son el factor social y el cultural.

De hecho, consciente o inconscientemente, las personas que formamos parte del entorno de los niños (padres, familia, educadores, etcétera) les transmitimos nuestros propios códigos emocionales.

● El miedo y la ira

La ira es una emoción que parece más ligada al hombre que a la mujer. Por el contrario, el miedo, solemos atribuirlo al sexo femenino con más facilidad que al masculino.

En 1976 se realizó un experimento (Condry y Condry) en el que se mostró a un grupo de participantes un vídeo de un bebé jugando con una caja sorpresa. A la mitad del grupo se le informó que el bebé era varón, y a la otra mitad que era una niña. Acto seguido se les solicitó que interpretaran el comportamiento del niño cuando, al abrir la caja sorpresa, rompía a llorar. Quienes pensaban que era una niña citaron con más frecuencia el miedo como explicación del llanto. En cambio, la mayoría de los que creían que se trataba de un niño lo atribuían a la ira.

● *Deja de llorar como una niña*

En el imaginario colectivo, el llanto es una clara manifestación de las emociones femeninas. La expresión «llorar como una niña» está cargada de significado. Desde ese punto de vista, llorar se entiende como una debilidad y, por tanto, un chico no debería caer en ello. Es decir, estamos condicionando la expresión de las emociones a los roles sexistas. El riesgo está en que esa incultura emocional de la sociedad termine cambiando el modo de expresión de los niños según el género que tengan. Por ejemplo, muchos chicos crecen negándose el derecho a llorar para liberarse de una emoción desagradable porque han interiorizado que esa manifestación es contraria a su género. Todo esto es un error. Las lágrimas y las emociones existen por la misma razón para los chicos que para las chicas.

➔ Ayuda a tu hijo a manifestar sus emociones

Aquí tienes algunos consejos para enseñar a tu hijo a experimentar las emociones sin estereotipos de género:

- Acepta las emociones de tu hijo, sean las que sean. Admitirlas contribuirá al desarrollo de sus competencias emocionales. Es un modo de prestar atención a sus necesidades, de escucharlo e identificar la emoción.

- Evita interpretar las emociones en función del sexo; por ejemplo, pensar que un niño llora por rabia y una niña por tristeza.
- Deja que las emociones se manifiesten (con lágrimas, saltos de alegría...); no trates de reprimirlas o controlarlas en función del género. Un niño tiene el mismo derecho a llorar que una niña y una niña puede necesitar desahogar la emoción haciendo ejercicio igual que un niño.

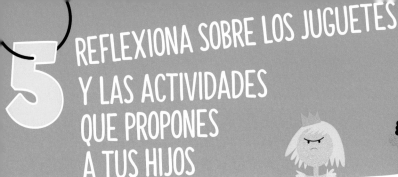

5 REFLEXIONA SOBRE LOS JUGUETES Y LAS ACTIVIDADES QUE PROPONES A TUS HIJOS

Si nos fijamos en los catálogos de juguetes que ofrece el mercado en las fechas cercanas a la Navidad o el modo en que se exponen en los comercios, cabe preguntarse si los niños los eligen con libertad; es decir, ¿tienen los niños y las niñas la posibilidad real de disfrutar de los mismos juguetes? El mero hecho de plantear la pregunta implica una respuesta negativa.

➜ El mundo de los **juguetes**

Aunque de modo inconsciente en muchos casos, lo habitual es que se guíe a los niños a elegir aquellos juguetes que se asocian a los valores tradicionales de su sexo. Es decir, orientamos a las niñas hacia el universo de las hadas, los unicornios, las muñecas o las cocinitas, mientras que para los niños preferimos los coches, los robots, los caballeros andantes o las naves espaciales. En este complot participan los regalos que reciben de las personas del entorno. Es cierto que cada vez es mayor el número de personas concienciadas con estos temas y que cada vez son más los niños que tienen muñecas, pero no es suficiente.

Juguetes que reflejan la degradación de los roles femeninos

Llama la atención que una niña que juega con un coche resulte menos llamativa que un niño que juega con una muñeca. La razón es la infravaloración de lo que consideramos «cometidos femeninos». Un niño que juega a limpiar o a cuidar un bebé realiza gestos vinculados a lo femenino y, por tanto, inferiores. Hay padres comprometidos con la lucha contra el sexismo que alaban el hecho de que su hija se divierta con juguetes atribuidos tradicionalmente a los niños. Pero habría que ahondar un poco y preguntarse si no son también víctimas de ese sexismo contra el que pretenden luchar: ¿es un paso hacia la igualdad o se sienten orgullosos de que su hija imite gestos masculinos por ser el sexo dominante?

Los niños proyectan el pensamiento de los padres en la carta a Papá Noel

Es frecuente escuchar a muchos padres hacer afirmaciones como ésta: «Hemos sido neutrales a la hora de educar a nuestros hijos en cuanto al género, no les hemos regalado juguetes pensados para niño o niña; sin embargo, mi hijo prefiere los coches y mi hija las muñecas». Lo fácil es pensar que se trata de una inclinación natural y no de un problema cultural, que es de lo que de verdad se trata. Desde el nacimiento, incluso desde el embarazo, proyectamos en el niño representaciones vinculadas a los valores de lo femenino y lo masculino. La actitud, las expectativas, las aspiraciones y el vocabulario son diferentes. Sin darnos cuenta, guiamos al niño hacia lo que creemos que forma parte de su naturaleza. El libro de Anne Dafflon Novelle, *Filles, garçons, socialisation différenciée*, cita varios estudios internacionales que demuestran que, a partir de los 20 meses de edad, los niños ya no eligen los mismos juguetes y que, alrededor de los 3 años, aunque puedan preferir otros juguetes, elaboran su lista de regalos navideños de acuerdo con los estereotipos transmitidos por sus familiares.

Este mismo planteamiento podemos extenderlo al campo del arte o de la música. Por ejemplo, los instrumentos de percusión o de viento son los que hemos estado asignando a los niños, mientras que los de cuerda nos han parecido más apropiados para las niñas.

Azul o rosa: Cuando la costumbre es un negocio

Michel Pastoureau, historiador y conocido también por sus estudios sobre el color, expone en sus libros cómo en otras épocas de la historia el color azul era el preferido de las niñas porque se asociaba con los mantos de la Virgen María, al contrario de lo que ocurre en la actualidad. El rosa, en cambio (o rojo pálido), era un color más bien masculino porque se identificaba con el poder. La «rosificación» de las niñas es, de hecho, un fenómeno muy reciente que data del siglo XX. La división de los colores rosa y azul tal y como la conocemos hoy no está en absoluto respaldada por la historia, sino que responde a un interés económico.

Supongamos dos hermanos de distintos sexos. Si los padres compran objetos marcados por el género para el hijo mayor, será difícil que el menor (perteneciente al otro sexo) acepte el uso de esos objetos. De ese modo, los padres comprarán dos objetos, ambos en función del género, por ejemplo, una bicicleta rosa y otra azul, cuando con una hubiera sido suficiente.

El problema es que la industria del juguete gira en un círculo vicioso. Durante generaciones se ha inculcado la idea de que lo correcto era el color azul para los niños y el rosa para las niñas. Los comercios han seguido esa misma dicotomía de colores a la hora de organizar sus expositores. Pero, entonces, ¿qué hacer con los objetos que tienen otra gama de colores?

Puede ser difícil de cara al mercado encontrar el lugar adecuado en las estanterías; por eso, algunos fabricantes han optado por fabricar únicamente juguetes que encajen con la clasificación más tradicional. Luchar contra los estereotipos de género implica rechazar este tipo de juguetes. Si no hay clientes, no hay producto. No hay que olvidar que los hábitos de consumo tienen un enorme poder a la hora de imponer cambios. Sobre esta cuestión existe una recomendación del Ministerio de Sanidad Francés en favor de una representación mixta e igualitaria de los juguetes que se puede consultar en su página web.

¿SABÍAS QUE...?

√ Existe una «tasa rosa» que se aplica a los productos en su versión femenina. Así, el juguete «rosa» es en muchas ocasiones más caro que el juguete «azul».

➜ Cómo actuar frente a los estereotipos

En la práctica, ¿qué podemos hacer? A continuación te propongo algunas ideas:

- Informa con claridad a tu entorno sobre qué es lo que quieres o no para tu hijo.

- Haz partícipes a los encargados de los comercios donde acudes habitualmente de que no apruebas los catálogos o la forma sexista que tienen de publicitar los juguetes.

- Deja que tus hijos elijan con libertad, sin predisponerlos en ningún sentido. No hay contradicción entre luchar contra los tópicos de género y dejar que una niña juegue con muñecas... No caigas en el cliché opuesto.

El problema no está en que un niño juegue con un coche y una niña con muñecas, sino en cómo los encauzamos hacia determinados juguetes asociados a su género.

Atención a las actividades de género

En la mayoría de los hogares es habitual que las chicas colaboren lavando los platos y los chicos sacando la basura. Todos sabemos que esto es una foto real, porque los adultos les inculcamos una distribución de las tareas domésticas acorde con un código establecido, que marca quién debe hacer qué.

Desde que son bebés actuamos en esa línea, aunque sin darnos cuenta. De hecho, no esperamos lo mismo de un bebé dependiendo del sexo. Por eso, con las niñas tratamos de estimular sus habilidades lingüísticas, porque la norma espera de ellas que sean buenas comunicadoras. En el caso de los niños, priorizamos la estimulación motriz como una referencia a la conquista territorial y cosas por el estilo.

Como padres, está en nuestra mano corregir estos comportamientos. Podemos alternar las tareas que encomendamos a nuestros hijos: eso ayudaría a eliminar el encasillamiento de las obligaciones domésticas. También hay que prestar atención a la inclinación de ayudar o perdonar ciertas tareas domésticas a los chicos. Un proceder que choca con el principio de que todos tienen que participar por igual en las faenas del hogar.

● Hablemos de los deportes

No se puede escribir un libro sobre estereotipos de género en la educación sin mencionar las actividades deportivas, que desempeñan un papel crucial en la creación de las normas de género. Hay una gama muy amplia de deportes que se pueden practicar. Un niño no tiene que jugar al fútbol o al rugby y una niña no tiene por qué bailar. Pero, si lo hacen, ¿sería algo negativo? Lo importante, como en otros casos, es respetar y apoyar la elección del menor, tanto si corresponde a una actividad considerada por la norma adecuada como impropia para su sexo. Una buena forma de que nuestros hijos elijan en libertad y con la información necesaria sería llevarlos a las jornadas de puertas abiertas que convocan los polideportivos: así podrán descubrir y elegir por sí mismos el deporte que más les convenga, libres de convencionalismos que los condicionen.

VIGILA LO QUE OCURRE EN EL COLEGIO

Las aulas mixtas no garantizan que la educación sea igualitaria. Fue un primer paso hacia la igualdad de género, pero no es suficiente. La vida escolar está sometida a los mismos comportamientos (en muchas ocasiones inconscientes) cargados de estereotipos de género. Hoy en día, tanto los profesores como el resto de la comunidad educativa están formados e involucrados en este tema. Entre todos tratan de incorporar y trasmitir día a día los cambios necesarios en favor de la igualdad. Son precisamente los educadores quienes están más alerta frente estas cuestiones en beneficio tanto de los niños como del sistema educativo. Sabemos que la inmensa mayoría de los niños ya han interiorizado muchos códigos en cuanto al género antes de acudir a la escuela; por eso, el papel pedagógico de las guarderías y otros centros educativos es de vital importancia.

➡ ¿Existe **escolarización de género?**

También los educadores actúan de un modo u otro en función de si el alumno es niño o niña, y lo hacen como un acto reflejo. La profesora e investigadora de ciencias de la educación Isabelle Collet realizó un estudio sobre interacciones verbales en el aula, según el cual los niños son interrogados más a menudo y durante más tiempo que las niñas. Los profesores se relacionan en una proporción de 2/3 con los niños frente a 1/3 con las niñas. De igual modo, las intervenciones espontáneas de los varones también se toleran mejor. Podríamos decir que son dueños del espacio sonoro.

● Repercusión en las calificaciones y las sanciones de las distintas expectativas según el genero

La exigencia en los resultados varía según el sexo de los estudiantes. Las notas altas, cuando tienen a un chico como destinatario, son aún más altas, del mismo modo que las malas calificaciones son más severas también para los chicos. Nicole Mosconi, en su libro *La mixité dans l'ènseignement secondaire: un faux-semblant?* (La diversidad en educación secundaria: ¿una falsedad?), denuncia la existencia de distintas varas de medir, de un doble rasero, que se materializan cada vez que se dan distintas valoraciones según la categoría a la que pertenezca el individuo. Una realidad indiscutible.

Otro aspecto importante es el mundo de los castigos. Desde mi punto de vista, lo acertado es una educación en positivo, pero no cabe duda de que aún nos movemos en el plano punitivo. Los castigos nos son neutrales en cuanto al género: se puede afirmar que el sistema de castigos escolares tiene un tinte viril. Los chicos desarrollan más su masculinidad cuanto más son castigados: una imagen casi caricaturesca construida desde la base de la sanción.

● ... *incluso en el recreo*

El colegio puede ser el lugar donde se reafirmen las diferencias de género. Desde una edad temprana, los niños son capaces de reconocer su sexo y, en el período de escolarización, van construyendo su identidad en torno a él. En la escuela, todos los niños saben que pertenecen a distintos sexos. Los juegos y las conductas de socialización vienen marcadas por esa diferencia. Los niños y las niñas no suelen jugar juntos: quien rompe esta regla es víctima de burlas y desprecios, porque la división de sexos se convierte en un fenómeno de grupo. En el patio del colegio se puede observar cómo las niñas ocupan menos espacio y adoptan una actitud de evasión. En cambio, los niños suelen ocupar el centro del espacio físico mientras, por ejemplo, juegan un partido de fútbol. Están ejerciendo su conquista territorial.

➔ Los libros de texto:
¿Aún son sexistas?

Podemos comprobar que tanto los planes de estudio como los libros de texto siguen siendo machistas; es decir, se interesan más en la condición masculina. Es cierto que se ha avanzado mucho y que esa tendencia ha disminuido, pero también hay que reconocer que queda mucho camino por andar. En los conocimientos que se imparten al alumnado en el campo de la historia o la ciencia, la mujer es invisible. El mensaje que se transmite a los estudiantes, sean niñas o niños, es que las mujeres no tienen sitio allí. Y, cuando lo hacen, es con un efecto negativo (¡oh, Catalina de Médicis, la reina maquiavélica!) Hay muchos «grandes hombres» o «iconos culturales», pero pocas «grandes mujeres» o «símbolos culturales». Las niñas están huérfanas de modelos de conducta, mientras que a los niños se les refuerza en su papel dominante sin darnos cuenta. Así, corremos el riesgo de que todos, tanto niños como niñas, asuman que las mujeres son menos interesantes, importantes o inteligentes, lo que justificaría el lugar secundario al que están relegadas en la sociedad, el aula, la casa...

Contrarrestar este desequilibrio no es tan difícil. Bastaría con mostrar a los niños referentes de ambos sexos. ¿Por qué no hacer un recorrido por las obras que contienen modelos de mujeres fuertes y que han logrado cambiar el curso de la historia o han contribuido al avance de la ciencia? (*véase* clave n.º 7). ¿Por qué no hacer una búsqueda en Internet para saber más sobre las llamadas «sociedades matriarcales»? ¿Por qué no ver en familia una película biográfica de alguna mujer relevante?

→ La orientación educativa
condicionada por el género

Siempre hemos oído decir «los niños son de ciencias y las niñas de letras», y es que la orientación hacia una u otra formación también está ligada al sexo. Las aulas de los estudios pertenecientes al campo de las artes y las humanidades están ocupadas en un 70 % por chicas. Los datos en Francia arrojan una brecha importante en los resultados entre niños y niñas en las áreas de matemáticas y gramática. Ya se ha mencionado que estas diferencias no corresponden a variaciones cerebrales de tipo fisiológico, sino a los estereotipos de género que se van filtrando desde la infancia. Las áreas de conocimiento se reparten en función del sexo del alumno. Es lo que se conoce como el efecto Pigmalión negativo o el efecto golem. Éste consiste en un fenómeno psicológico según el cual las bajas expectativas sobre alguien o sobre uno mismo conducen a un peor rendimiento. Ésa es la causa de que se guíe hacia una u otra rama en la formación según el género. Para los chicos, las ciencias, un campo más valorado; para las chicas, las humanidades y el sector terciario (servicios), ambos menos apreciados.

Por suerte, ¡hay excepciones! Pero comúnmente, la regla general es la que he expuesto. Sin embargo, podemos equilibrar la balanza. Cada día aumentan las iniciativas en las escuelas para concienciar a todos los chicos y chicas de que pueden elegir el campo que más les convenga, lejos de cualquier dictado de orientación sexual.

→ ¿Cómo se pueden **cambiar las cosas?**

A continuación recojo algunas acciones concretas:

- Verbalizar y valorar el papel de la mujer en los contenidos de la enseñanza y la vida cotidiana.

- Explicar a los niños la gran variedad de ocupaciones a las que pueden acceder sin relacionarlas con el género.

- Dar la palabra tanto a las chicas como a los chicos de forma igualitaria (tanto en términos de tiempo de intervención como de complejidad del contenido).

- Aprender a criticar los estereotipos de género. Tenemos que saber cuáles son, y cómo detectarlos para poder examinarlos y juzgarlos. En Francia existen algunos recursos en línea que podemos aprovechar:

- El enlace institucional para la creación y el apoyo educativo, dependiente del Ministerio de Educación Nacional de Francia: www.reseau-canope.fr/outils-egalite-filles-garcons/
- La plataforma de vídeo Matilda: https://matilda.education/app/
- El sitio Musea, que ofrece exposiciones virtuales producidas por universitarios sobre la historia de las mujeres y el género: www.musea.fr/
- La página web de la ONISEP (Oficina Nacional de Información sobre Estudios y Profesiones), que también ofrece orientación: www.onisep.fr/Equipes-educatives/Egalite-filles-garcons

• Informarse y formarse como padre o profesional del cuidado de los niños. A veces, como padres o educadores, es duro reconocer que, aunque sea de modo inconsciente, estamos actuando en contradicción con nuestros propios ideales de igualdad.

7 INFORMA A TUS HIJOS UTILIZANDO DISTINTOS RECURSOS

Los estereotipos de género y los clichés están por todas partes. La buena noticia es que tenemos a nuestra disposición numerosos recursos para ayudar a los niños a tomar conciencia de ello.

➡ El sesgo de género
en la literatura infantil

Muchos libros infantiles siguen utilizando siempre héroes en lugar de heroínas. Están salpicados de sexismo. El reparto de los papeles responde a estereotipos muy claros: las madres de los protagonistas ejercen profesiones consideradas femeninas (enfermera, maestra), las chicas suelen realizar actos banales como dedicar parte del tiempo a mirarse en el espejo y son dependientes de una figura masculina (el padre o un príncipe azul), que es quien piensa y actúa. No trato de censurar lo que hay, sino de abrir paso a una reflexión sobre ello. Hay obras que contienen demasiados tópicos por lo que deben leerse en presencia de un adulto que pueda contextualizar y explicar la historia. El adulto ayuda a poner encima de la mesa cuestiones que pueden surgir durante la lectura, además de profundizar en las culturas o sociedades en las que se desarrolla la historia. Es evidente que la literatura infantil y la imaginación están en el mismo bando, pero también es una referencia para los niños; por tanto, hay que examinarlas con mirada crítica.

Cualquier libro puede servir para iniciar un debate

En los últimos años, ha habido un esfuerzo importante por parte de autores, ilustradores y editores por contrarrestar la desigualdad de género. Pero surge otro inconveniente: la aparición con mucha frecuencia de un contraejemplo femenino, una niña fuerte. Sin embargo, en el campo de los varones, es difícil encontrar la figura de un niño dulce y sentimental. A pesar de todo, tengo la esperanza de que todo cambie.

¿Existe un repertorio de libros ideal en lo que se refiere a la orientación de género? La respuesta es un no rotundo. Y el motivo es que no hay libros buenos o malos. Aquellos que no transmiten estereotipos de género son buenos en tanto en cuanto no contribuyen a su difusión, pero los que lo hacen también pueden ser útiles, ya que serán la base para el debate y la reflexión. Los niños comprenden muchas más cosas de las que nosotros creemos. Habla con ellos sobre los libros que lees, pídeles su opinión, transmíteles lo que te gusta y lo que no.

Dado que el tema de este libro es el apoyo al margen del género, te dejo este código QR donde puedes encontrar una lista de libros que tratan este tema.

No son los únicos, pero he elegido estos títulos como testimonio de la evolución de la literatura infantil, que junto con la sociedad camina «en la buena dirección». Las obras están divididas en tres grupos en función de la edad del lector y del género literario:

— para los más pequeños, libros infantiles;

— a partir de los 7 años, novelas, documentales y álbumes, y

— para los adolescentes, novelas, series y libros prácticos.

→ Dibujos animados y juegos para abordar el sexismo de una manera diferente

Una película o una serie de dibujos animados puede ser el vehículo de transmisión de arquetipos sexistas, pero también puede ser el de punto de partida para polemizar y ofrecer a los niños patrones más acordes con los valores que defendemos. Podrás encontrar interesantes dibujos animados vanguardistas en estas cuestiones en la página de Simonæ.

También los juegos pueden ayudar a conseguir cambios a favor de la igualdad porque, aunque no enseñan a luchar contra los estereotipos, pueden ser herramientas muy útiles. He aquí algunos ejemplos:

— En el juego Turfu, seas chico o chica, puedes hacer lo que quieras en la vida (juego de cincuenta y cuatro cartas).

— The Moon Project (juego de memoria, batallas y siete familias) revisa famosos juegos de cartas.

— ¿Quién es ella? Es un juego de habilidades, ¡y eso lo cambia todo!

— Bad Bitches Only, un *Time's Up* muy inclusivo, cuenta además con una versión digital familiar.

➔ La **prensa y las redes sociales**

De cara a los adolescentes, la prensa y las redes sociales son recursos muy interesantes. Te pongo algunos ejemplos de cuentas de Instagram que tratan temas de género y que los jóvenes pueden utilizar, solos o acompañados por un adulto:

• @pepitesexiste

• @mecreantes

• @noustoutesorg

• @deconstructionsmasculines

8 RESISTE A LA NORMA CON LAS NIÑAS..., PERO CON LOS NIÑOS TAMBIÉN

La lucha contra los estereotipos de género se asocia casi siempre al feminismo. Esta visión hace que se abran más opciones (de colores, juguetes o actividades extraescolares). Pero la realidad es que a las chicas se las anima más a adoptar comportamientos atribuidos tradicionalmente a los chicos (llevar ropa azul, jugar al fútbol o al judo, etcétera) que a los chicos a adoptar los clichés «reservados» por regla general a las chicas. Por ejemplo, un niño que se viste de rosa, baila y juega con muñecas llamará más la atención que una niña que se viste de azul y juega a la pelota. Es posible que haya más razones, pero la principal es que los clichés masculinos se aceptan con más facilidad, ya que están vinculados a valores más fácilmente percibidos como positivos (valor, fuerza, etcétera).

→ La trampa de la dominación masculina

Los chicos están bajo presión, lo han estado durante siglos para poder mantener un papel dominante. Construyen su masculinidad como oposición a lo femenino; es decir, rechazando todo lo que se ha venido atribuyendo a las mujeres.

Se les dice que «dejen de llorar como una niña» o se les llama «maricones» u otro término aún más vulgar. Para ellos es muy difícil transgredir las normas de género. Pero someterse a ellas supone sacrificar la individualidad y las emociones propias.

● La masculinidad tóxica

Los chicos tienen miedo a mostrarse frágiles o vulnerables. El arquetipo de hombre viril como el ideal que se debe alcanzar lleva a muchos varones a negarse a sí mismos y a sus emociones. ¿Cómo podemos evitar que haya más víctimas?

— En primer lugar, estaría bien acabar de una vez por todas con las imposiciones de la virilidad.

— En segundo lugar, una de las claves más importantes consiste en expresar las emociones; tema que abordé en un libro anterior titulado *J'accompagne les émotions de mon enfant* (Acompaño a mi hijo en el descubrimiento de las emociones). No debemos negar las emociones, sino verbalizarlas y acoger el modo en que se manifiestan como, por ejemplo, con el llanto. En resumen, si lo que buscamos es un triunfo definitivo en la lucha contra los estereotipos de género, no sólo será necesario replantearse la paridad entre hombres y mujeres, sino lo que es aún más importante, dejar que los niños se desarrollen con libertad para ser ellos mismos. Si en algún momento detectas que tu hijo se siente presionado por su género para actuar de una determinada manera, escuchad juntos y con mucha atención la canción *Kid* del cantautor francés Eddy de Pretto, con un estribillo muy evocador sobre la «hombría abusiva».

Pero, cuidado, ¡luchar contra los estereotipos de género no significa cambiar un tópico por otro! Hay que tener en cuenta que, si destacamos en demasía un hecho o transmitimos nuestra sorpresa porque se produzca, lo estamos calificando de extraordinario o poco habitual. Por ejemplo, cuando expresamos admiración ante un chico que se viste de color rosa, estamos enviando el mensaje implícito de que es algo excepcional cuando no es cierto.

LOS CINCO MANDAMIENTOS PARA EL DESARROLLO FELIZ DE LOS NIÑOS (VARONES)

1. Deja que sea un niño. Permítele que sea como él quiera ser.

2. Tolera que lleve el pelo o la ropa como él quiera.

3. Consiente que realice actividades atribuidas por tradición a las niñas si así lo desea.

4. Aprueba que sea sensible si así lo siente.

5. Procura que sea él mismo, no le sometas a las normas rígidas que definen la masculinidad.

→ La feminidad **débil y limitante**

Las niñas y las mujeres tampoco están exentas de las pautas que marca su género. Ellas han de ser discretas, prudentes y ceñirse al papel para el que fueron creadas. Por si esto fuera poco, las exigencias son en muchos casos contradictorias: hay que luchar por la igualdad salarial y el éxito en la carrera profesional, pero sin olvidar el cuidado de la familia; se espera que las mujeres se mantengan bellas, delgadas y jóvenes; que tengan aplomo, pero sin traspasar ciertos límites, etcétera.

LOS CINCO MANDAMIENTOS PARA EL DESARROLLO FELIZ DE LAS NIÑAS

1. Deja que sea una niña si quiere serlo.

2. Permítele que se imponga o se mantenga en su sitio cuando ella quiera.

3. Consiente que realice actividades atribuidas por tradición a los niños (varones) si así lo desea.

4. Deja que se desarrolle sin dirigirla hacia lo que se espera de ella por ser mujer.

5. Procura que sea ella misma, no la sometas a las normas rígidas que definen la feminidad.

→ El tabú de los padres **antisexistas**

En ocasiones, los padres comprometidos en la lucha contra los estereotipos de género me han confesado que, en la sociedad patriarcal y machista en la que nos movemos, es mucho más gratificante educar a una niña que a un niño. Abrazar el feminismo llevando de la mano a una niña significa para muchos la conquista del Santo Grial. Educar en el feminismo a un hijo varón es algo que pasa más inadvertido, incluso podría entenderse que el niño forma parte de aquello contra lo que se combate.

Este enfoque es la prueba de las desacertadas expectativas y aspiraciones que, como padres, hemos puesto en nuestros hijos. Muchos ni siquiera serán conscientes o preferirán evitar la reflexión. Pero lo cierto es que, si queremos terminar con los estereotipos de género, sólo lo conseguiremos concienciando tanto a las niñas como a los niños sobre este tema. Si eres padre o madre de un niño (varón) has de interiorizar que tu papel tiene que ser exactamente el mismo que si fueras padre o madre de una niña. Todos tenemos un cometido, en todas partes y en todo momento. Hemos de mantenernos vigilantes en la distribución de las tareas domésticas, en el modo de tomar las decisiones familiares o en cómo nos relacionamos. No olvides que los adultos somos el ejemplo para seguir, los modelos de conducta, tanto para bien como para mal. Cuestionar la educación que damos a los niños y niñas es un paso importante, pero no servirá de nada si no trabajamos también sus relaciones con los demás y con el mundo en general.

RESISTE A LA NORMA CON LAS NIÑAS..., PERO CON LOS NIÑOS TAMBIÉN

9 ENSÉÑALES A AMAR SU CUERPO

La publicidad, los medios de comunicación o las redes sociales nos bombardean con tópicos sexistas continuamente; por ejemplo, es habitual usar el cuerpo femenino como reclamo para la venta de multitud de productos. Es lo que se conoce como «publisexismo». La sumisión, la cosificación y, en definitiva, el sexismo de los anuncios nos rodea por todas partes. Me parece oportuno hablar de este tema en un libro que pretende ser una ayuda para guiar a los niños en una educación igualitaria, ya que son ellos quienes están sometidos también a la incesante presión de ese tipo de mensajes publicitarios, por ejemplo, en televisión. Incluso, aunque consiguiéramos alejarlos de las pantallas, seguirán recibiendo la misma información a través de las gigantes vallas publicitarias, que se alzan orgullosas en cualquier esquina de las calles. Es imposible escapar de la imagen degradante de los sexos. Por este motivo, y en tanto en cuanto esta práctica no desaparezca de los medios de comunicación, lo más adecuado es hablar de ello con nuestros hijos.

La belleza como cuestión de **género**

Estamos muy acostumbrados a que, cuando sale en las noticias una mujer, ya sea campeona olímpica o política, surja algún comentario sobre su belleza, la ropa que viste, o de su aspecto físico en general. Pero el «examen de belleza» no es exclusivo de las mujeres, los hombres también viven bajo el yugo de las apariencias. ¿Y a los niños? ¿Cómo les afecta?

Sometidos a los cánones estéticos desde que nacemos

Cuando vemos un bebé, ya sea niño o niña, muchas personas exclaman «¡que bebé más bonito!». Hasta los recién nacidos son juzgados por el físico, por el grado de adaptación de sus rasgos a lo que convencionalmente se considera hermoso. Hacemos comentarios sobre el color del pelo, la forma de la cara, el peso, el tamaño, etcétera, tanto si se trata de algún niño o bebé cercano como del de un completo desconocido. Son comentarios en apariencia inocentes que se hacen sin pensar demasiado, pero que envían al niño un claro mensaje sobre la prioridad del aspecto físico frente a todo lo demás. Por otro lado, y aunque no sea el tema de esta obra, deberíamos preguntarnos si actuaríamos igual con un adulto. Ten en cuenta que son comentarios que dirigimos a otro adulto delante del niño, pero haciendo como si éste no existiera.

... y aún es peor durante la infancia

A medida que los bebés van creciendo, la lupa sobre la apariencia se pone especialmente en las niñas. Al margen del problema que pueda suponer para toda la sociedad el culto a la imagen, ¿por qué la inmensa mayoría de los comentarios y juicios sobre el aspecto están dirigidos al sexo femenino?

Desde la infancia, a las niñas las obsequiamos con joyas, ropa, maquillaje o adornos. Si a esto le sumamos la frecuencia con la que les decimos lo guapas que son, tenemos el campo abonado para que hayan filtrado en ellas los estereotipos de los que tratamos de huir. Por supuesto que hay otras muchas cosas para tener en cuenta y que no hay por qué eliminar estas costumbres, pero el famoso «qué guapa está callada» se va inculcando casi sin darnos cuenta desde una edad muy temprana.

Los chicos tampoco están exentos de estas reglas. Por ejemplo, algunas personas se burlan de ellos si de dejan el pelo largo, o los critican porque «parecen una chica».

BARBIE. EL IDEAL INALCANZABLE

✓ ¿Quién no conoce a esta muñeca con formas perfectas? Las posibles consecuencias nocivas para la salud mental y física de las niñas que juegan con esta muñeca aún son poco conocidas. Con unas proporciones de ciencia ficción que corresponderían a 92 de contorno de busto, 46 de cintura y 84 de cadera, Barbie está alejada incluso de las medidas perseguidas hasta hace muy poco tiempo en una mujer modelo, que serían 85-60-85. Si traspasamos las medidas a una mujer real, la desproporción de las medidas, por ejemplo del cuello y de los hombros, supondrían la imposibilidad de sujetar la cabeza; el tamaño de sus ojos sería el mismo que el de la palma de la mano y, por supuesto, ¿qué decir del tamaño y la posición de sus senos?

... hasta alcanzar el momento de máxima presión durante la adolescencia

Podemos aprender a querernos a nosotros mismos. Cuando a un niño se le acepta como es y se le infunde el amor a sí mismo, aumenta su autoconfianza y su autoestima. A su vez, los efectos positivos de estos logros repercutirán en múltiples aspectos de su vida: socializará mejor, tendrá mayores éxitos en el ámbito escolar y su salud estará más protegida (por ejemplo, frente a los trastornos alimenticios).

En la era de lo virtual, los adolescentes pueden tener problemas para distinguir con nitidez la ficción de la realidad. Cuando están en el «pseudomundo» virtual todo es posible; así, pueden cambiar a capricho el aspecto de su cuerpo, el de los demás o incluso la relación con la sexualidad. Pensemos en la pornografía, a la que cualquiera puede acceder con un solo clic y que se ha convertido en una auténtica lacra para algunos jóvenes. Al ser primordialmente heterosexual, fomenta los escenarios de sumisión femenina e incluso de violencia. Es cierto que en los últimos tiempos está surgiendo una corriente de pornografía no sexista, pero sigue siendo minoritaria. Algunos adolescentes pueden caer en el error de establecer como norma estas representaciones pornográficas, tanto las chicas (interiorizando la dominación masculina) como los chicos (reproduciendo las escenas).

➡ Las **redes sociales**

Las pantallas y las redes sociales son unas grandes herramientas..., siempre que estén al servicio de las personas y no al revés. Es importante permanecer alerta para prevenir el mal uso y el abuso que de ellas pueda hacerse. Todos, tanto adultos como niños, tenemos que aprender a hacer un uso correcto de estos recursos. Si quieres orientar a tus hijos adolescentes en el universo de las redes sociales, te recomiendo que las pruebes tú primero. Los niños necesitan que se les guíe en el uso responsable de lo digital. Es importante informarlos y dialogar con ellos para que entiendan que las redes son la puesta en escena de una pequeña parte de la vida real.

¿Cómo guiar a los adolescentes 2.0?

- Habla con ellos sobre las imágenes degradantes que saturan las pantallas. No olvides que existen organismos institucionales que pueden ser de gran ayuda, como en Francia el CLEMI (Centro para Educación en Medios de Comunicación e Información).

- Apóyalos emocionalmente, hazlos sentir seguros de sí mismos.

- Vigila la posible exhibición que pueda hacer de sí mismo y de otras personas (cuidado con los selfis).

- El control parental debe aplicarse en estas cuatro dimensiones: equipo, tiempo de pantalla, sitios de acceso y contenidos.

→ La ropa de género: **una invención del márquetin**

En lo que respecta a la ropa, existe una sección de «chicas» y otra de «chicos». En la zona de niñas es dónde encontramos las faldas y los vestidos que se reservan sólo para ellas, y en la de niños pantalones y bermudas.

Sin embargo, esta distinción en la vestimenta según el sexo se ha implantado hace sólo unas décadas. Hasta hace poco tiempo, niños y niñas usaban la misma ropa durante la infancia. Aplicando el mismo principio que en el mercado de juguetes, las marcas decidieron separar la ropa por sexos, lo que lleva a un aumento de las ventas y, por tanto, de los beneficios. Esta «brillante» idea vio la luz en la década de los ochenta, cuando se empezaron a introducir bodis rosas, lentejuelas e imágenes de princesas para las niñas, así como bodis azules y estampados con naves espaciales o dinosaurios para los niños. No digo que los chicos tengan que llevar falda, pero si somos coherentes con el cometido de guiar a nuestros hijos por la senda de la igualdad de género, lo lógico sería que pudieran elegir con libertad. Pero, incluso si esto último fuera posible, habría entonces que enfrentarse a las miradas y los comentarios de los demás, sin duda la batalla más difícil de ganar.

● *¿Cómo podemos cambiar las cosas?*

En los últimos años, la sociedad ha experimentado un cambio importante. Como consecuencia, emergen colecciones, incluso marcas que se califican como «unisex»; es el caso de Nixnut, Little Hedonist, Veja o Phil&Phae. Cuanto mayor sea la demanda, más amplia será la oferta. La guerra contra los estereotipos se libra desde muchas vertientes. Como

ENSÉÑALES A AMAR SU CUERPO

consumidores, debemos recurrir a estos productos, y también podemos animar a nuestros familiares y amigos a que hagan lo mismo.

Pero, eso sí, respetando siempre las preferencias de los niños y no perdiendo de vista el objetivo principal: que sean conscientes de la problemática. Sería interesante pedir su opinión, ir de compras con ellos y posibilitar el debate. Estas actividades generan distintas ventajas, ya que ayudan a que ganen confianza en sí mismos, a que aprendan a asumir responsabilidades, a evitar estereotipos de género, y también es un momento para pasarlo bien juntos.

Cuidado, ¡éste es un tema muy delicado!

En primer lugar, hay que aclarar que el género y la orientación sexual no son lo mismo. La orientación sexual no depende del sexo. Cuando vemos a un niño jugar con muñecas o vestir de color rosa, la reacción suele ser de temor porque vinculamos esos juegos o modo de vestir a la futura orientación sexual del niño. Pero, ¡no!, nadie se convierte en gay porque juegue con muñecas. También observamos que, en el caso de que sea una niña la que juega a ser un caballero, nadie pone en duda su heterosexualidad.

→ Familiariza a los niños con **la sexualidad** desde **los primeros años**

La sexualidad es todavía en muchos casos un tema tabú. Los primeros años de vida son muy importantes. No podemos evitar que nuestros niños vean anuncios en los que se pone la atención en los atributos sexuales y se delegan a un segundo plano otras cualidades de las personas, ni que les lleguen mensajes que cosifican a la mujer. Nos guste o no, ésta es una realidad ineludible; por eso, lo más aconsejable es entablar una conversación, interactuar con ellos y explicarles, por ejemplo, por qué te molesta ese tipo de publicidad. Hacer que la sexualidad sea un tema natural supone también evitar ciertas frases o comentarios, como las que se hacen en alusión al tamaño del pene de un niño. No olvides que las palabras tienen un poder insospechado.

Cómo concienciar dependiendo de la edad

Sensibilizar a nuestros hijos en los estereotipos de género supone seguir las siguientes pautas:

- Sé honesto; di siempre la verdad.
- Utiliza las palabras adecuadas, un vocabulario claro y preciso.
- Asume que no lo sabes todo y que puedes sentirte incómodo en determinadas circunstancias. En este caso, lo más acertado es buscar ayuda de terceros haciéndoselo saber al niño.
- Establece una relación de confianza entre vosotros. Para los más pequeños (entre los 0 y los 6 años) es aconsejable partir de lo que el niño sabe. A partir de los 6 años, el problema puede abordarse de modo más directo, formulando preguntas, por ejemplo, con motivo de un anuncio, tales como «¿qué te parece?», «¿qué piensas?» o «¿cómo te hace sentir?», etcétera.
- En el caso de los adolescentes, que son más proclives a navegar por Internet, hay que prestar mucha atención a los sitios web que visitan.

Considero importante hablar también de la violencia sexual, un tipo de violencia que podríamos considerar de género. Cometemos el error de cargar la responsabilidad de la prevención de ésta en las niñas, ¡aunque lo más efectivo sería enseñarles a defenderse de cualquier agresor! En este tema es igual de importante educar a los chicos. ¿Cómo? El diálogo es fundamental: hay que hablar con ellos, con libertad y con palabras adecuadas, por supuesto, en función de su edad, y habituarlos a la necesidad del consentimiento.

⮕ **Aprender** sobre el consentimiento

El consentimiento es el acto por el que se acepta o permite algo. Ya desde los primeros meses de vida se puede enseñar a los niños lo que es el consentimiento, a darlo o negarlo, así como a respetar las decisiones de los demás. «Sí» significa 'sí'. «No» o no responder quiere decir 'no'; es así de fácil.

Escribí un libro infantil titulado *¿Puedo besarte?* en el que explico a los niños de un modo muy claro lo que es el consentimiento. En un apartado dirigido a los adultos les digo: «Educar a los niños de hoy (que serán los adultos de mañana) sobre el consentimiento es una de las claves del respeto a uno mismo y a los demás. Pero también hay que concienciar a algunos adultos de hoy en día, esos que piensan que se puede arrancar un beso no consentido a un niño sólo porque es... ¡un niño!».

● *Las reglas sagradas del consentimiento:*

El consentimiento debe ser:

— voluntario (dado libremente, sin coacciones ni chantaje);

— claro (comprensible e inequívoco, sin líneas difusas);

— adecuado (es decir, quien consiente ha de estar capacitado para ello);

— específico (para un acto determinado y en un momento dado), y

— revocable (se puede cambiar de opinión).

La vida cotidiana nos ofrece muchas oportunidades para practicar esta idea. Por ejemplo, cuando bañamos a un niño pequeño es conveniente verbalizar y pedirle permiso para lavar tal o cual parte del cuerpo. Otra oportunidad la tenemos cuando deseamos abrazar a un niño o a un adolescente; antes de hacerlo debemos preguntarles si podemos. También sería interesante preguntarnos: ¿actuaría del mismo modo si en lugar de un niño fuera un adulto?

Cada uno tendrá que buscar la táctica más adecuada, la que mejores resultados logre en su entorno familiar. Lo importante es respetar la autonomía y la intimidad de nuestros hijos sin renunciar a las manifestaciones del afecto y el amor que les tenemos. La clave para conseguirlo está en la comunicación. Si existe diálogo, podremos responder a preguntas como ¿está bien que me duche con mi hijo? La solución reside en conocer y respetar las necesidades de todos los miembros de la familia.

El beso de los buenos días

En este apartado sobre el consentimiento es obligado hablar del caso concreto de los besos. La cortesía es para muchos un valor importante. Sin embargo, es posible decir «hola» sin obligar a un niño a dar un beso; puede ser un saludo amable con una inclinación de cabeza, una palabra, una reverencia, un guiño, etcétera. Forzar a un niño a un contacto físico no deseado (ya sea un beso o un abrazo) hace que el concepto de consentimiento pierda su sentido. Un niño tiene derecho a no querer dar un beso o que le den uno, al igual que cualquier otra manifestación de contacto físico. Confiemos en ellos y en su libre albedrío. La cortesía y la consideración pueden expresarse de muchas maneras. Así, lo respetamos y le enseñamos a respetar a los demás.

➔ ¿Y la normativa legal?

Los niños van creciendo y aprendiendo las normas. Poco a poco, interiorizan lo que está permitido o lo que no y el por qué. Como futuro adulto que es, y siempre teniendo en cuenta su edad, en ese aprendizaje no hay que descuidar el marco legislativo. Debemos transmitirles el derecho que les asiste a la libertad de pensamiento y de expresión, pero también que los comentarios sexistas y la discriminación sexual son un delito. Está prohibido tocar los genitales. Como es obvio, cuanto mayor sea el niño, más se podrá profundizar en el tema. Entre los 0 y los 6 años nos conformaremos con decir «eso está prohibido», entre los 6 y los 10 años se pueden aclarar los motivos de esa prohibición, y a partir de esa edad es conveniente profundizar en los conceptos jurídicos. Para facilitar esta tarea hay que partir de lo que el niño ya sabe y, en función de sus necesidades y vivencias, ir aumentando la información, de tal modo que a un niño pequeño le diremos que sólo debe dar un beso si quiere hacerlo, que nadie puede obligarlo a lo contrario; si tratamos con un adolescente, la conversación debe abordar temas como el necesario consentimiento a la hora de mantener relaciones sexuales, ya que de lo contrario estaríamos ante la figura delictiva de la violación o abusos sexuales, según el caso.

CONCLUSIÓN

«Nuestra cabeza es redonda para que el pensamiento pueda cambiar de dirección». (Francis Picabia, pintor)

Todos los gestos son importantes. Cada uno de vosotros habrá extraído de este libro aquello que le aporte, que se adapte a sus necesidades, y habrá dejado de lado el resto. Liberemos a los niños del papel que la sociedad les tiene asignado según el sexo al que pertenecen. Dejemos que elijan, que sean libres. La diferencia de sexo y de género no debe ser nunca una limitación. Estoy segura de que la lectura de este libro te habrá servido para informarte y también para conocer las pautas que, de acuerdo a tus principios, sean las adecuadas para fomentar la eliminación de los estereotipos de género. Promovamos la unión, la cooperación, el respeto y la libertad de elección; rechacemos los convencionalismos impuestos por una visión estrecha de lo que debe ser lo masculino o lo femenino. Entre todos conseguiremos destruir los clichés, para que nuestros hijos sean libres a la hora de elegir su propio camino o poner en práctica todo el potencial que guardan. La sociedad está cambiando y sois vosotros, los padres, los protagonistas de ese cambio.

RECURSOS ÚTILES

➜ CLAVE n.º 1

NOVELLE, A.: *Filles-garçons. Socialisation différenciée?* Presses Universitaires de Grenoble, Grenoble, 2006.

DARÉOUX, É.: «Des stéréotypes de genre omniprésents dans l'éducation des enfants». *Empan* 1 (65), Toulouse, 2007. www.cairn.info/revue-empan-2007-1-page-89.htm

MAGANA, J.: *Comment parler de l'égalité filles-garçons aux enfants.* Le Baron Perché, Issy les Molineaux, 2014.

VIDAL, C.: *Hommes, femmes: avons-nous le même cerveau?* Éditions Le Pommier, París, 2012.

—: *Nos cerveaux, tous pareils tous différents!* Belin, París, 2015.

Bouvard, H. *et. al.*: «Des ailes sur un tracteur. Genre! L'essentiel pour comprendre». *Hal Open Science,* 2014.

➜ CLAVE n.º 2

NOVELLE, A.: *Filles-garçons. Socialisation différenciée?* Presses Universitaires de Grenoble, Grenoble, 2006.

HUSSON, A. C. y MATHIEU, T.: *Le féminisme. La Petite Bédéthèque des savoirs.* Le Lombard, Bruselas, 2016.

MAGANA, J. y MESSAGER, A.: *Les mots indispensables pour parler du sexisme.* Syros, Grecia, 2014

HUSSON, A. C.: «Stratégies lexicales et argumentatives dans le discours antigenre: le lexique de VigiGender». *Sextant, ULB.*, Bruselas, 2015. http://hal-univ-paris13.archivesouvertes.fr/hal-01250678

—: «Genre et violence verbale: l'exemple de 'l'affaire Orelsan'». *Pratiques*, n.º 163-164, 2014. http://pratiques.revues.org/2315

➔ CLAVE n.º 3

FATOUX, F.: *Et si on en finissait avec la ménagère.* Belin, París, 2014.

PIETRI, J.: *On ne naît pas féministe, on le devient. Et si vous passiez à l'action?* Les Éditions le Duc, París, 2020.

➔ CLAVE n.º 4

BOURDEVERRE VEYSSIERE, S.: *J'accompagne les émotions de mon enfant.* Jouvence, Ginebra, 2019.

HERITER, F.: *Hommes, Femmes, la construction de la différence.* Éditions Le Pommier, París, 2010.

➔ CLAVE n.º 5

HÉRITER, F.: *Hommes, Femmes, la construction de la différence.* Éditions Le Pommier, París, 2010

BEAUVALET BOUTOUYRIE, S. y BERTHIAUD, E.: *Le Rose et le Bleu. La fabrique du masculin et du féminin.* Belin, París, 2015.

DÉTREZ, C.: *Quel genre?* Thierry Magnier, París, 2015.

⮕ CLAVE n.º 6

ANKA IDRISSI, N.; GALLOT, F. y PASQUIER, G.: *Enseigner l'égalité fi-lles-garçons*. Dunod, París, 2018.

Gueguen, C.: *Feliz de aprender en la escuela*. Grijalbo ilustrados, Barcelona, 2019.

Nicole Mosconi, investigadora sobre las ciencias de la educación y luchadora activa contra los estereotipos de género en los colegios. A continuación citamos dos de sus artículos: https://media.eduscol.education.fr/file/MDE/13/7/depp-2019-filles-et-garcons_1089732(4)_1211137.pdf y http://cache.media.education.gouv.fr/file/orientationformations/16/5/SYSTeME_SCOLAIRE_STeReOTYPES_SEXUeS_402165.pdf

⮕ CLAVE n.º 7

Todas las entradas del sitio web Maman, Rodarde!

⮕ CLAVE n.º 8

BLANC, A.: *Tu seras un homme – féministe – mon fils, Manuel d'éducation antisexiste pour des garçons libres et heureux*. Marabout, Vanves, 2018.

CORBIN, A. y COURTINE, J. J.: *Georges Vigarello, Histoire de la virilité*, tomo I, Seuil, París, 2011.

—: *Histoire de la virilité*, tomos 2 y 3, Points, París, 2015.

GAZALÉ, O.: *Le Mythe de la virilité: un piège pour les deux sexes*. Robert Laffont, Marsella, 2017.

LE DOEUFF, M.: *L'étude et le Rouet, Des femmes, de la philosophie, etc*. Seuil, París, 2008. (Trad. cast.: *El estudio y la rueca. De las mujeres, la filosofía*. Ediciones Cátedra: Madrid, 1993).

➡ CLAVE n.º 9

JEHEL, S. y GOZLAN, A.: *Les adolescents face aux images trash sur Internet.* En prensa, París, 2019.

➡ CLAVE n.º 10

BOURDEVERRE VEYSSIERE, S.: *Je peux te faire un bisou?* Il était un bouquin, Dordoña, 2019.

Puede consultar nuestro catálogo en www.obstare.com

NIÑAS Y NIÑOS. POR UNA EDUCACIÓN SIN GÉNERO NI ESTEREOTIPOS
Texto: *Soline Bourdeverre-Veyssiere*
Ilustraciones: *Ho Thanh Hung*

1.ª edición: mayo de 2023

Título original: *Filles, garçons. (Pour une éducation non genrée et sans clichés)*

Traducción: *Claudia Medrano*
Maquetación: *El Taller del Llibre, S. L.*
Corrección: *M.ª Jesús Rodríguez*

© 2021 Hatier, París, Francia
Título publicado por acuerdo con Cat on a Book Agency, Francia
(Reservados todos los derechos)
© 2023, Editorial OB STARE, S. L. U.
(Reservados los derechos para la presente edición)

Edita: OB STARE, S. L. U.
www.obstare.com | obstare@obstare.com

ISBN: 978-84-918956-19-5
DL B 2549-2023

Impreso en Gràfiques Martí Berrio, S. L.
c/ Llobateres, 16-18, Tallers 7 - Nau 10. Polígono Industrial Santiga.
08210 - Barberà del Vallès - Barcelona

Printed in Spain